《訓|読|教|材》

はじめての統一原理

文鮮明先生が解明した真理

光言社

この冊子について

この冊子は、文鮮明先生によって解かれた「統一原理」の骨子を抜粋し、短い文章でまとめたものです。

人間をはじめ、この世界のすべてを創造された神は、どのような理想、願いをもって創造されたのでしょうか。人間の存在する目的、すなわち人生の目的と価値は何でしょうか。神が創造された世界になぜ、戦争や罪悪があるのでしょうか。幸福を願いながらも、なぜそれを得ることができないのでしょうか。

「統一原理」は、個人の心の問題、家庭の問題から、人類歴史に秘められた壮大な秘密に至るまで、広範囲な問題に対して明確な解答を与えてくれます。この冊子が、皆さんにとって幸せへの扉を開くきっかけになることを願います。

※訓読：文鮮明先生のみ言《ことば》を声に出して読みながら学ぶこと。

もくじ

後　編

総　序

人間と幸福

- 人間は誰でも不幸を退け、幸福を追い求めています。
- 幸福は、自己の欲望が満たされたときに感じるものです。
- 人間には善の欲望を成就しようとする本心と、悪の欲望を満たそうとする邪心とがあります。
- 人間は、善を願いながらも悪をしてしまう矛盾性をもっています。
- 人間は破滅状態に陥っています。このような破滅状態のことを「堕落」といいます。
- 「人間は堕落している」ということができます。

人間の無知

- 「人間の堕落」を知的な面から見れば、「人間は無知に陥った」といえます。
- 人間は心と体の内外両面から成っています。

同じように、無知にも、内的な無知と外的な無知とがあります。

- 内的無知は、「本心とは何か」「邪心はどこから来るのか」「善悪の判断基準は何か」「人生の目的は何か」などの無知です。
- 外的無知は、自然界の原理・法則などに対する無知です。

宗教と科学の課題を解決

- 内的無知を克服し、内的真理を探究してきたのが宗教です。
- 外的無知を克服し、外的真理を探究してきたのが科学です。
- 宗教と科学は歴史的に対立し、衝突してきました。
- 内外両面の無知を完全に克服し、本心の要求する善の目的を成就するために、宗教と科学とを統一された一つの課題として解決できる「新しい真理」が現れなければなりません。

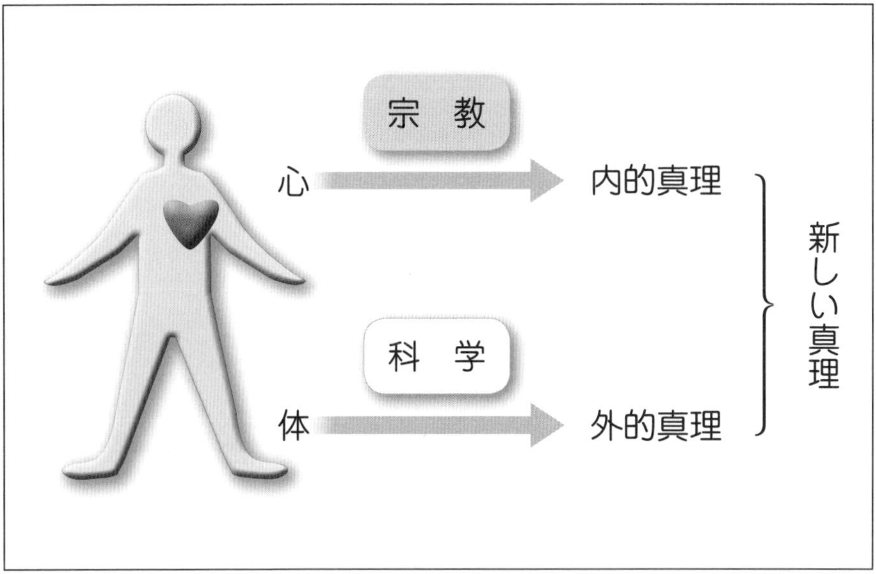

新しい真理

- 有史以来のすべての主義・思想・宗教を統一できる真理です。
- 堕落した人間を創造本然の人間に復帰させることのできる真理です。
- 神は既にこの地上に、一人のお方を遣わされました。
- その方こそ、文鮮明《ムンソンミョン》先生です。
- 文鮮明先生は人生と宇宙の根本問題を解決できる真理を解明されました。それは「統一原理」と呼ばれています。

文鮮明先生（1920-2012）

1920 年に現在の北朝鮮に生まれました。15 歳のときにイエス様と出会い、人類救済の特別な使命を託されました。以来、国を超え、人種を超え、宗教を超えて、One Family under God（神のもとの一家族）の理想世界実現を目指してさまざまな活動を展開しています。しかし、無実の罪で６度にわたって投獄されるなど、多くの迫害を受けました。

怨讐《おんしゅう》をも無条件に愛する真の愛の生涯、人生への深い洞察《どうさつ》、そして世界平和実現のための具体的な実践活動は、世界の人々を感動させています。

新しい真理 ――「統一原理」

①内外両面の無知を克服し、人類を内外両面の知へと導く。

②神の実在とその心情を解明する。

神が存在することだけでなく、神が人類に対してどのような心情をもっておられる方かを解き明かす。

③唯心論と唯物論を統一する。

民主主義と共産主義の対立を解決する。

④キリスト教をはじめとする宗教のさまざまな課題を解決する。

⑤すべての主義、思想、宗教を統一する。

宗教、民族、思想、主義などの対立を解決する。

⑥人類一家族世界を実現する。

すべての人類が神のもとで兄弟姉妹であり、一つの家族であることを実感をもって確信させる。

前　編

第1章　創造原理

神を知る

●人生と宇宙に関する根本問題は、人間をはじめ宇宙を創造された神がどのような方かを知らない限り解くことはできません。

●無形であられる神の※神性は、被造世界を観察することによって知ることができます。

●作品を見て作者の※性稟《せいひん》を知ることができるように、被造物を見ることによって神の神性を知ることができます。（ローマ１：20）

神の二性性相と被造世界

●存在しているものは、

①それ自体の内においてだけでなく、他の存在との間にも、陽性と陰性の二性性相の相対的関係を結んでいます。

②外形と内性とを備えています。

陽性と陰性の二性性相		性相と形状の二性性相
男性 —— 女性	人間	心 —— 体
雄 —— 雌	動物	本能 —— 体
雄しべ —— 雌しべ	植物	指向性 —— 体
陽性 —— 陰性	原子	内性 —— 外形
陽性 —— 陰性	素粒子	内性 —— 外形

外形は見えない内性がそのごとく現れたものです。

- 内性を性相《せいそう》、外形を形状といいます。
- すべての存在は、陽性と陰性、性相と形状の二性性相で成っています。

※神性：神の性質。神の属性。　※性稟：もって生まれた性質。

神

●あらゆる存在の第一原因は、すべてのものの主体となる性相と形状とを備えていなければなりません。

●第一原因を神と呼びます。

●その主体的な性相と形状を神の本性相と本形状といいます。

●※森《しん》羅《ら》万象《ばんしょう》の第一原因であられる神は、陽性と陰性の相対的関係をもって存在しています。

●神は本性相と本形状の二性性相の中和的主体です。

●本性相的男性と本形状的女性の二性性相の中和的主体です。

●被造世界に対して、性相的な男性格主体です。

●神は、愛の神、全知全能の神、造物主（創造主）、父母なる神、親なる神です。

※森羅万象：天地に存在する一切のもの。

神は本性相と本形状の二性性相、本性相的男性と
本形状的女性の二性性相の中和的主体

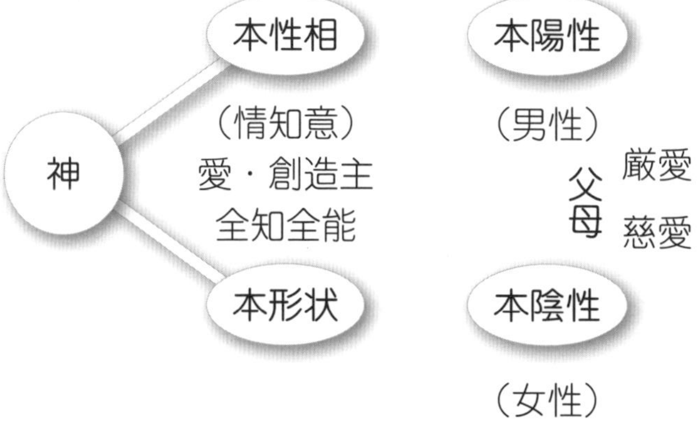

授受作用

●あらゆる存在の主体と対象が、良く授け良く受ければ、その存在のためのすべての力（生存、繁殖、作用など）を発生します。

●これを授受作用といいます。

●すべてのものは、授受作用によって生存（存在）し、繁殖し、発展しています。

四位基台

●神を中心として主体と対象とが授受作用し、

合性一体化します。

- 神、主体、対象、合性体が各自主体の立場をとり、他のものを対象として立たせて、互いに授受作用するようになるとき、四《よん》位《い》基《き》台《だい》が造成されます。

- 四位基台は、神の永遠なる創造目的を完成した善の根本的な基台です。

創造目的

- 聖書によれば、神は創造が終わるたびに、それを見て「良し」とされました。

- 神は被造物が善の対象になることを願われ、それを見て喜ぼうとされました。

- 神は、人間を創造され、「生めよ、ふえよ、…地を従わせよ。…すべての生き物とを治《おさ》めよ」と祝福されました。

- 神の創造目的は、人間が三大祝福を成就して天国をつくったのを見て、喜び、楽しまれることです。

- 第一祝福完成は個性を完成することです。

三大祝福

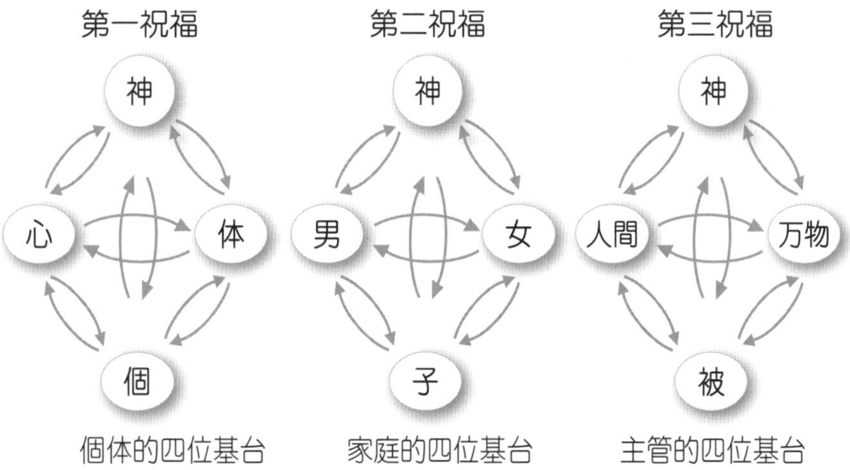

神の二性性相の対象として分立された心と体とが、授受作用によって合性一体化して、神を中心として個体的な四位基台をつくります。

● 第二祝福は家庭を完成することです。

個性を完成した男性と女性が夫婦となり、子女を生みふやして、神を中心として家庭的四位基台をつくります。

● 第三祝福は、万物世界に対する主管性を完成することです。

人間と万物が合性一体化し、神を中心とする主管的な四位基台を完成します。

成長期間と人間の責任分担

●創世記１章にある天地創造の６日は、１日24時間の６日ではなく、６段階の創造過程を表示したものです。

●被造世界を構成している各個性体が完成するにも、ある程度の期間が必要であったことを意味します。

●被造物の成長期間は、蘇生《そせい》期、長成《ちょうせい》期、完成期の秩序的三段階があります。

●神は被造物が成長期間にある場合には、間接的な主管をされます。この期間を間接主管圏といいます。

●万物は原理自体の主管性、自律性によって成長し、完成します。

●人間は、原理自体の主管性、自律性によるだけでなく、自身の責任分担を全うすることによって完成します。

神は人間を標本として被造世界を創造

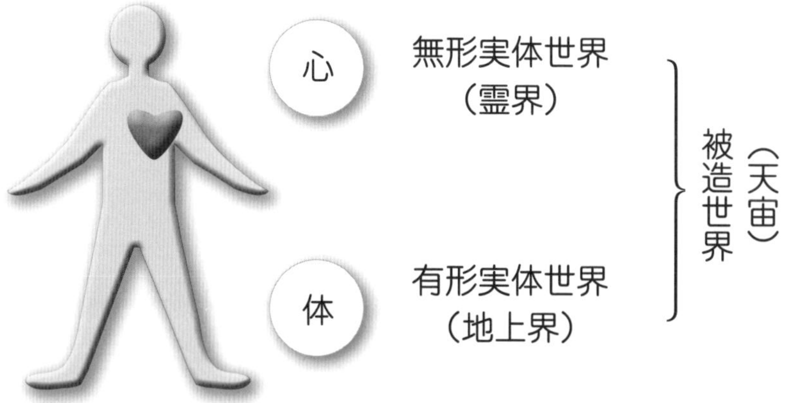

無形実体世界と有形実体世界

- 被造世界は、神の二性性相に似た人間を標本として創造されました。
- 被造世界には、体のような有形実体世界と、心のような無形実体世界があります。
- この二つの世界を総合して天宙と呼びます。
- 人間は肉身と霊人体《れいじんたい》とで成っています。
- 人間は肉身を脱いだ後、霊人体が無形実体世界で永生します。

第2章　堕落論

●罪悪の根本、罪の根とは何でしょうか。この問題を解決しない限り、幸福を実現することはできません。

●聖書には、人間始祖アダムとエバがエデンの園で、蛇《へび》に誘惑されて善悪を知る木の実を取って食べたことが罪の根となったと記《しる》されています。

●聖書は、多くの主要な部分が象徴や比喩《ひゆ》で記録されています。

●では、善悪の実は何を比喩したのでしょうか。

善悪を知る木とは

●「善悪を知る木」は「生命《いのち》の木」と共にありました。

●堕落した人間の願いは「生命の木」に至ることでした。（箴言《しんげん》13：12、黙示録22：14）

●堕落によって「生命の木」への道が塞《ふさ》がれたので、「生命の木」は希望として残されました。

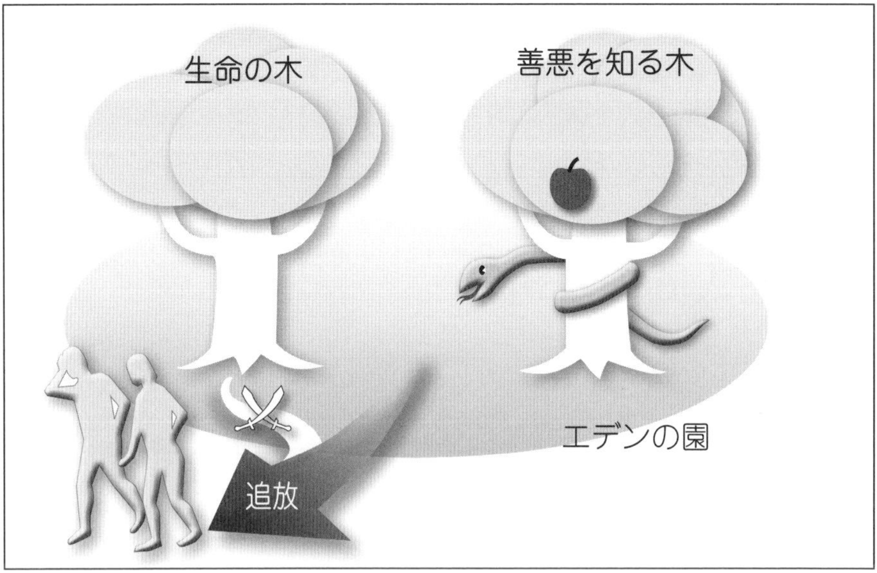

●「生命の木」は、「創造理想を完成した男性」すなわち、完成した男性を比喩したものです。

●共にあった「善悪を知る木」は、「創造理想を完成した女性」すなわち、完成した女性を比喩したものです。

蛇の正体

●エバを誘惑して罪を犯させた蛇は霊的存在です。

●元来、善を目的として創造されたある存在が、堕落してサタンになったのです。

●この蛇《へび》は、天使を比喩《ひゆ》したものです。

「罪を犯した御使《みつかい》たちを許しておかないで、……下界におとしいれ……」（ペテロⅡ２：４）

天使と人間の堕落

●天使は※姦淫《かんいん》によって堕落しました。

「御使《みつかい》たちを…ソドム、ゴモラも…同じように※淫行《いんこう》にふけり…」（ユダ書６～７）

●アダムとエバは堕落後に裸を恥ずかしく思い、無花果《いちじく》の葉で下部《かぶ》を隠しました。（創世記３：７）

●人間始祖が下部で罪を犯したことが分かります。

●人間と天使との間に淫行関係があったことが推察されます。

人間の堕落

●善悪の実は、エバの愛を意味します。

●エバが善悪の実を取って食べたというのは、彼女がサタンを中心とした愛によって血縁関係を結び、悪の子女を繁殖したことを意味します。

●罪の根は、人間始祖が天使と不倫なる血縁関係を結んだところにあったのです。

神が人間の堕落行為に干渉されなかった理由

●神は全知全能であられるので、人間始祖の堕落行為を知らなかったはずがありません。

●神はなぜ人間の堕落行為に干渉し、堕落を防がなかったのでしょうか。

●神は、人間が自らの責任分担を遂行して初めて完成するように創造されました。

●神が堕落行為に干渉されなかった理由は、
①創造原理の絶対性と完全無欠性のため
②神のみ創造主であらせられるため
③人間を万物の主管位に立たせるため　です。

※姦淫：道義に背いた性交渉をもつこと。

※淫行：社会の性道徳から外れた行為。

第3章　人類歴史の終末論

終末とは

- 神は堕落人間を救おうと復帰摂理をなされます。
- 神の復帰摂理によって、罪悪世界、罪悪の歴史に終末が来るようになります。
- 神は終末にメシヤ、救世主を遣わされます。
- サタン主権の罪悪世界が、神主権の創造理想世界に転換される時代を終末といいます。
- 終末とは、地上地獄が地上天国に変わる時をいうのです。
- 終末は、天変《てんぺん》地《ち》異《い》が起こる恐怖の時ではなく、喜びの時です。

終末と現代

- 終末には神の復帰摂理の目的である三大祝福が成就されます。
- 三大祝福が復帰されていく現象を見て、現代が終末であることが分かります。

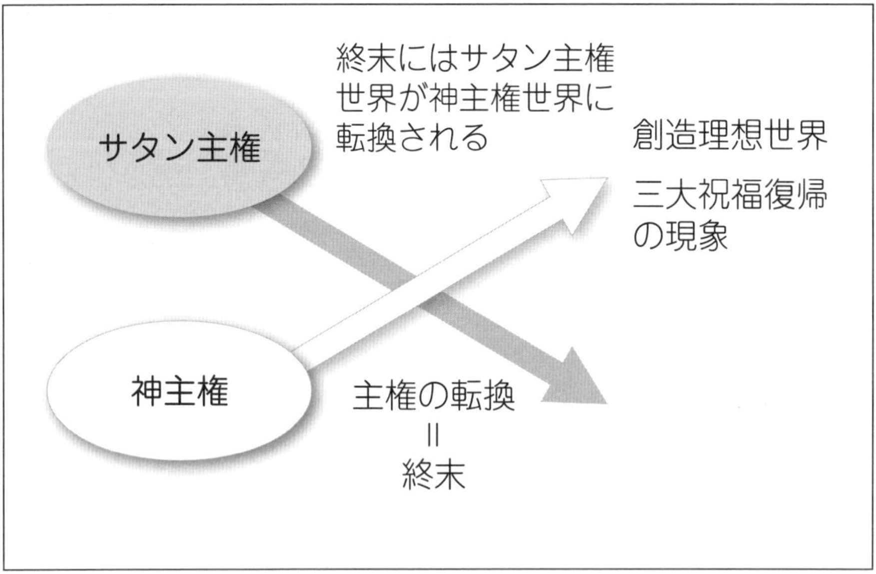

●第一祝福の復帰現象

①心霊が復帰されています。

②本心の自由が復帰されています。

③人間の本然の価値が復帰され、人間の尊厳が尊重されています。

④本性の愛が復帰されています。

●第二祝福の復帰現象

①大小の文化圏が統合されつつあります。

②サタン分立のための闘争が世界的になっています。

③世界的な版図《はんと》で民主主義と共産主義が対峙《たいじ》しています。

●第三祝福の復帰現象

①堕落によって失われた、内外両面の主管性が復帰されつつあります。

②被造世界に対する心情的な主管性が復帰されてきています。（内的主管性）

③交通・通信など科学技術が高度に発達しています。（外的主管性）

終末と新しい真理と我々の姿勢

●神は、堕落によって無知に陥った人間を、※神霊と真理によって創造本然の人間に復帰する摂理をされます。

●神霊と真理とは唯一であり、永遠不変のものですが、無知に陥った人間に、それを教える範囲や、表現の程度や方法は時代に従って異ならざるを得ません。

人間の心霊・知能の発達によって
神が教える真理の範囲・表現
方法は異なる

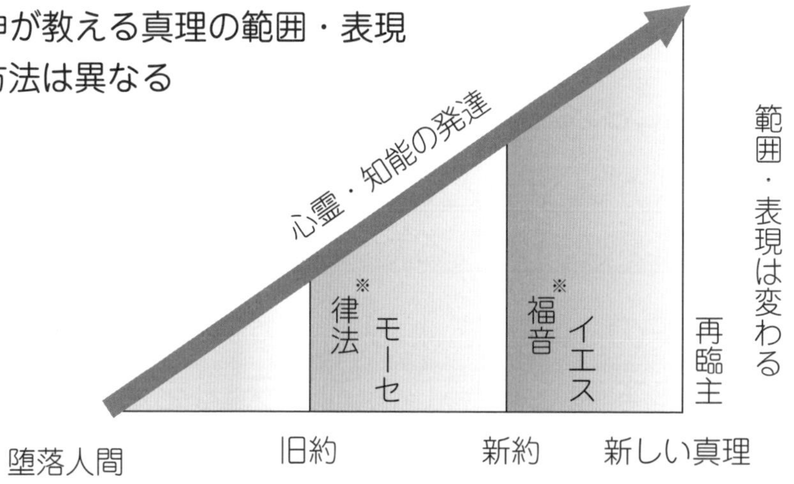

●今日の知性人に真理を理解させるためには、高次の内容と科学的な表現方法によらなければなりません。

●謙虚な心で祈り、新しい真理を探し求めるべきです。

※神霊：神のみたま。
※律法：神から与えられた宗教・倫理・社会生活上の命令や掟《おきて》。
※福音：イエスの教え。

第4章　メシヤの降臨とその再臨の目的

十字架による救いの摂理

- イエスがメシヤとして降臨されたのは、地上に天国を建設されるためでした。
- 十字架の※贖罪《しょくざい》によって、すべての信徒たちが創造本性を復帰し、地上天国を成就できたでしょうか。
- どんなに信仰の篤《あつ》い信徒であっても、神と一体となっておらず、贖罪や祈祷の信仰生活が必要であり、子女に原罪を遺伝させています。
- 十字架の贖罪によっては、創造本性を完全に復帰できておらず、地上天国も実現できていません。

イエスの十字架の死

- イエスの十字架の死は神の予定だったのでしょうか。
- 使徒たちは、イエスの死を恨めしく思い、悲《ひ》憤慷慨《ふんこうがい》しています。（使徒行伝7：51～53）

イエスは十字架にかけられるために降臨された？

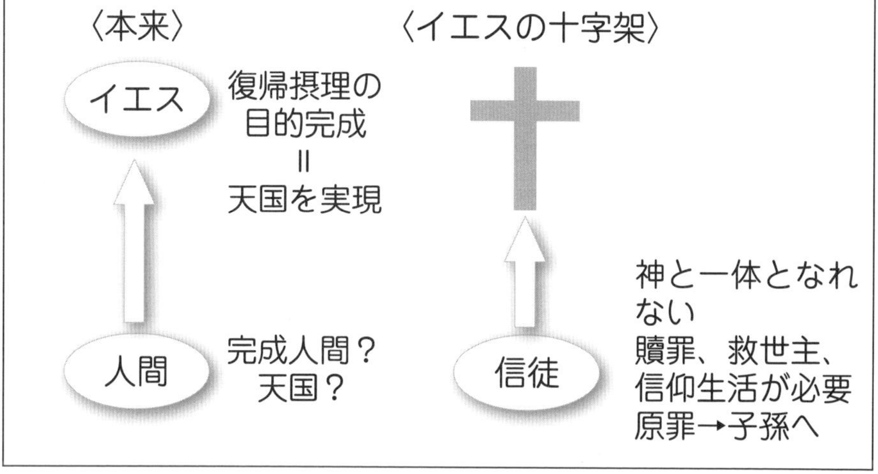

●神は、イスラエル選民を召され、メシヤを迎えるように準備されました。

●イエス自身も、ユダヤ人に対して、自分をメシヤとして信じることができるように語り、行動されました。（マタイ 23：37、ヨハネ６：29、ヨハネ 10：38）

●イエスの十字架の死は、神の本来の予定から起こった必然的なものではなく、ユダヤ人たちの無知と不信に起因したものだったのです。

※贖罪：罪を贖《あがな》うこと、償うこと。

十字架の贖罪《しょくざい》の限界とイエス再臨の目的

●ユダヤ人たちがイエスを信じなかったので、サタンはユダヤ人の生命を奪おうとしましたが、イエスが十字架にかけられることにより、その罪を贖《あがな》われました。

●イエスは肉身にサタンの侵入を受けて殺害されたので、霊肉共の救いを完成することができませんでした。

●しかし、イエスが霊的に復活して霊的救いの基台を完成したので、信徒は霊的救いの恵沢を受けるようになりました。

●イエスは霊肉共の救いの摂理を完遂するために、地上に再臨されなければなりません。

エリヤの再臨と洗礼ヨハネ

●神は預言《よげん》者マラキを通じてメシヤが降臨する前にエリヤを遣わされると約束されたので、ユダヤ人たちはエリヤの再臨を渇望《かつぼう》していました。

●イエスは洗礼ヨハネが再臨したエリヤである

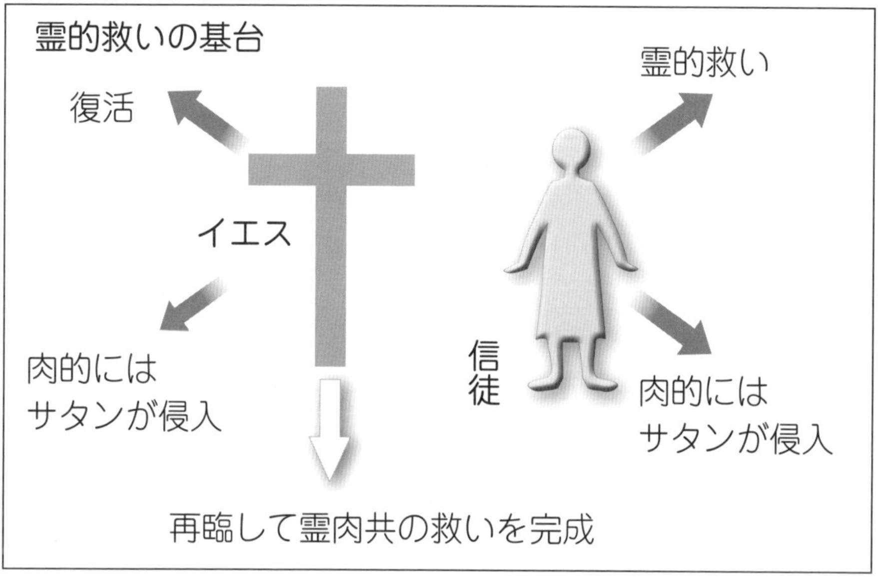

と証言しました。（マタイ 11：14、マタイ 17：13）

●当時のユダヤ人たちは、洗礼ヨハネがメシヤであると信じるほど、彼を崇敬《すうけい》していました。（ルカ３：15）

●しかし、洗礼ヨハネは、自分はエリヤではないと否定しました。彼の神の摂理に対する無知により、ユダヤ人たちはイエスを不信せざるを得ませんでした。

●イエスが十字架の死を遂げるようになった大きな要因は、洗礼ヨハネにあったのです。

第5章　復活論

●復活は、再び活《い》きるという意味です。再び活きるのは、死んだからです。

●この死は、堕落による死をいいます。

●堕落による死は、肉身の死ではなく、善悪の実を取って食べることによって、サタン主管圏内に落ちたことを意味します。

復活の意義

●復活は人間がサタンの主管圏内から、神の主管圏内に復帰されていく、その過程的な現象を意味します。

復活摂理はどのようになされるか

●復活摂理は復帰摂理なので、再創造摂理です。

●復活摂理は創造原理によって摂理されます。

①後世《こうせい》の人間は、それ以前の預言者《よげんしゃ》や義人が築き上げた心情的な基台によって、復帰摂理の時代的な恵沢《けいたく》を受けるようになります。

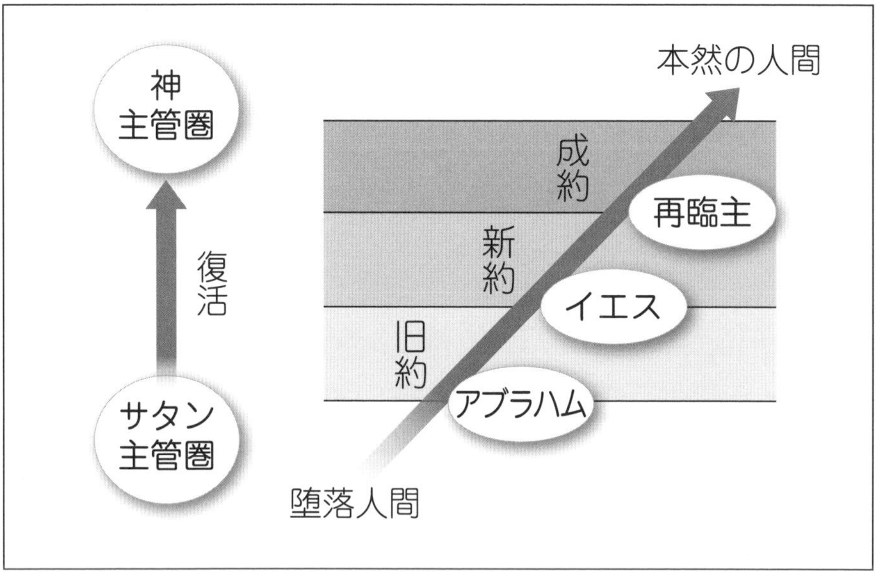

②人間が自身の責任分担として、復活摂理のためのみ言《ことば》を信じ、実践することによってみ旨《むね》が成し遂げられます。

③霊人体の復活も、地上の肉身生活を通じて、初めて成就されるようになっています。

④摂理期間の秩序的な三段階を経て完成されるようになっています。

第6章　予定論

●予定説に対する神学的論争は、信徒たちの信仰生活に混乱を引き起こしてきました。

●聖書には、すべてが神の予定によってなされると解釈できる聖句があります。

●しかし、予定説を否定する聖書的な根拠《こんきょ》も多くあります。

み旨に対する予定

●神のみ旨《むね》は、人間の堕落によって完成できなかった創造目的をなすこと、すなわち復帰摂理の目的の完成をいいます。

●神は唯一であり、永遠・不変であり、絶対者であられるので、神のみ旨も唯一であり、永遠・不変であり、絶対的でなければなりません。

●神のみ旨に対する予定は絶対的です。

み旨成就と人間に対する予定は相対的

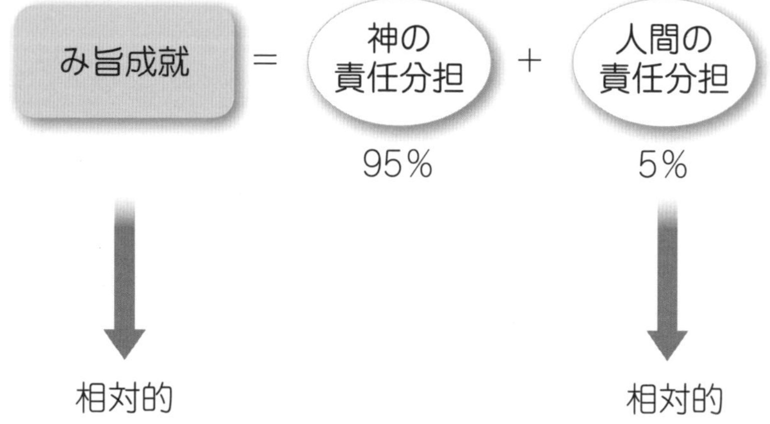

み旨成就に対する予定と人間に対する予定

- 復帰摂理のみ旨は絶対的なものですが、そのみ旨の成就には、人間の責任分担が加担されなければなりません。
- み旨の成就は、神がなさる責任分担（95パーセント）に、人間の責任分担（5パーセント）が加担されて、初めて完成されます。
- したがって、み旨成就に対する予定は相対的であり、人間に対する予定も相対的です。

第7章　キリスト論

●キリスト論では、神を中心とするイエスと聖霊との関係、イエスと聖霊と堕落人間との関係、※重生《じゅうせい》と三位一体《さんみいったい》などの諸問題を扱います。

創造目的を完成した人間の価値

●創造目的を完成した人間は、

①第一に、神のような価値をもちます。

②第二に、唯一無二の存在です。

③第三に、天宙的な価値をもっています。

創造目的を完成した人間とイエス

●イエスがもっておられる価値がどれほど大きいといっても、完成した男性がもっている価値以上のものをもつことはできません。

●イエスは、あくまでも創造目的を完成した人間として来られた方です。

※重生：再び生まれ直すこと。

イエスは神御自身なのか

●弟子のピリポが神を見せてくださいと言ったとき、イエスは、「わたしを見た者は、父を見たのである。…わたしが父におり、父がわたしにおられる…」（ヨハネ 14：9～10）と答えられました。

●このような聖句によって、多くの信仰者たちは、イエスを創造主、神であると信じてきました。

●イエスは完成した人間として、神と一体をなしているので、彼の神性から見て、神とはいえるが、神御自身になることはできません。

●体は第二の心といえますが、心それ自体ではありません。

●イエスも第二の神とはいえますが、神御自身になることはできません。

重生論

●イエスは、新たに生まれなければ、神の国を見ることはできないと言われました。（ヨハネ3：3）

●人間は、なぜ新たに生まれなければならないのでしょうか。

●アダムとエバは、堕落して人類の悪の父母となり、悪の子女を生みふやしました。

●堕落した人間は、原罪がない、善の子女として新たに生まれ直さなければなりません。

●イエスは堕落した子女（人間）を原罪のない善の子女として生み直すために、真《まこと》の父として来られた方です。聖霊《せいれい》は、真の母として来られた方です。

三位一体論

●神の創造目的を達成するために、イエスと聖霊は、神を中心として合性一体化し、四《よん》位《い》基《き》台《だい》をつくります。

●このとき、イエスと聖霊は、神を中心として一体となります。これが三《さん》位《み》一体《いったい》です。

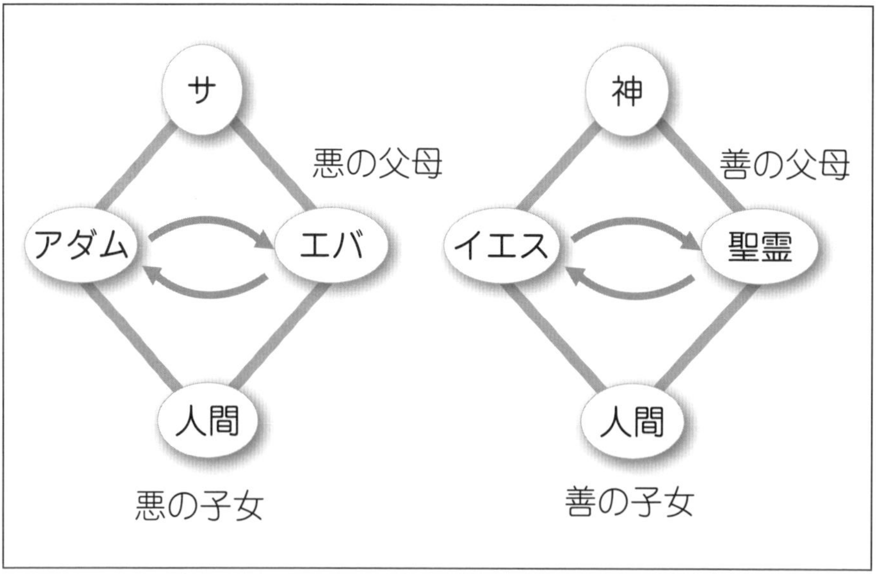
サ
悪の父母
アダム
エバ
人間
悪の子女
神
善の父母
イエス
聖霊
人間
善の子女

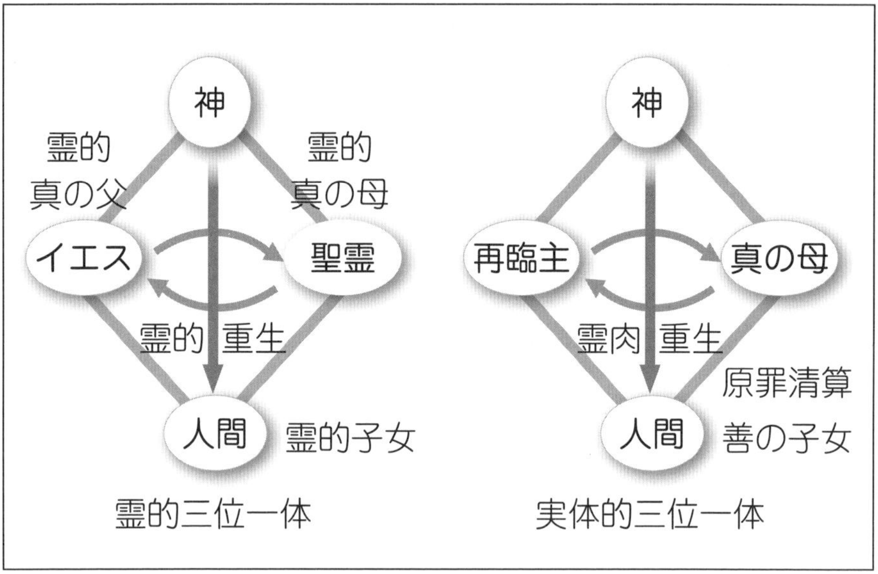

霊的三位一体と実体的三位一体

●イエスと聖霊は、神を中心とする霊的な三位一体をつくることによって、霊的真の父母の使命のみを果たしました。

●イエスは、神を中心とする実体的な三位一体をつくって霊肉共に真の父母となり、堕落人間を霊肉共に重生《じゅうせい》させ、原罪《げんざい》を清算させて、実体的な三位一体（四位基台）をつくらせるために再臨されます。

後編

緒　論

復帰摂理

- 復帰摂理とは、堕落した人間を創造本然の人間に復帰していく神の摂理をいいます。

- 人間は長成期の完成級において堕落し、サタンの主管下におかれるようになりました。

- このような人間の復帰は、

  ①サタン分立の路程を通して、アダムとエバが成長した基準、すなわち長成期の完成級まで復帰した型を備えた基台の上で、

  ②メシヤを迎え、重生《じゅうせい》することによって、原罪を取り除き、堕落以前の立場を復帰したのち、

  ③メシヤに従ってさらに成長し、

  ④創造目的を完成させることによってなされます。

蕩減復帰原理

- 人間始祖が完成していたならば、神のみに対して生活する立場におかれるはずでした。

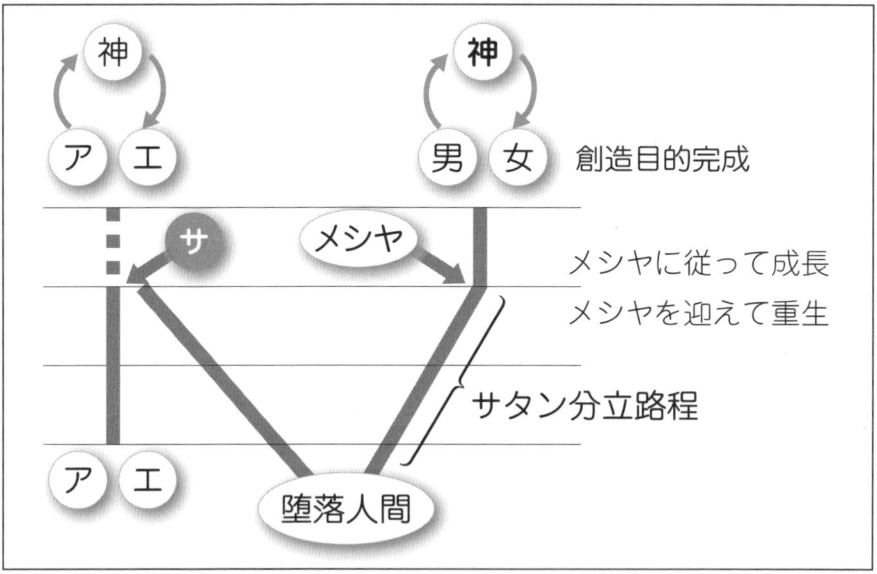

- しかし、堕落してサタンと血縁関係を結んだので、アダムとエバは、神ともサタンとも対応することができる中間位置におかれるようになりました。

- 人間は、善なる条件を立てたときには天の側に、悪なる条件を立てたときにはサタンの側に分立されます。

蕩減復帰

- どのようなものでも、本来の位置と状態を失ったとき、それを復帰しようとすれば、何らかの条件を立てなければなりません。

●このような条件を立てることを「蕩減《とうげん》」といい、その条件を「蕩減条件」といいます。

●蕩減条件は、堕落するようになった経路と反対の経路をたどって立てなければなりません。

●蕩減条件は、人間の責任分担として、人間自身が立てなければなりません。

メシヤのための基台

●堕落人間がメシヤを迎えるためには、「メシヤのための基台」を造成しなければなりません。

●アダムは神のみ言《ことば》を守りながら成長期間を経て「信仰基台」を立てなければなりませんでした。

●アダムは「信仰基台」を造成した上で神と一体となり、「実体基台」を造成して、み言《ことば》の「完成実体」とならなければなりませんでした。

●しかし、アダムは堕落して、「信仰基台」をつくることができず、み言の「完成実体」となることができずに、創造目的を成就できませんでした。

●「信仰基台」と「実体基台」を立てることによっ

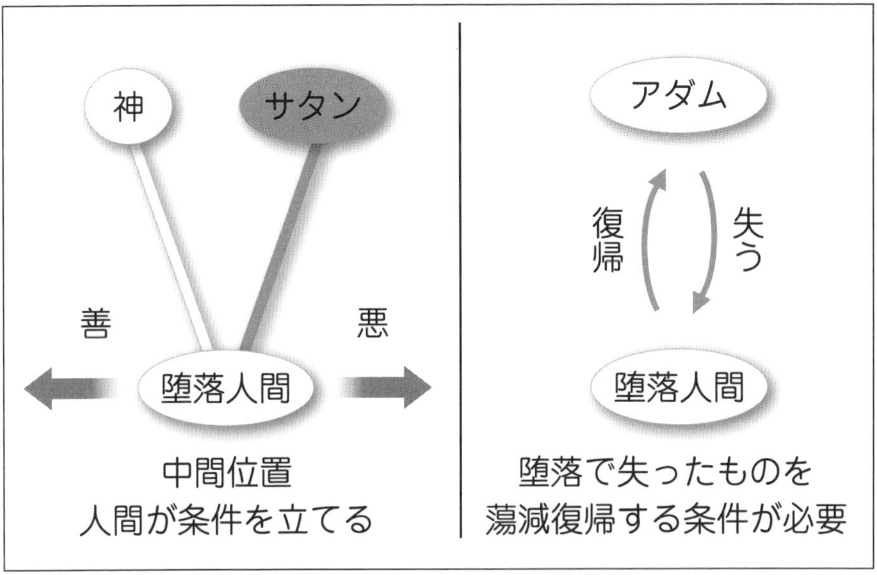

て成就される「メシヤのための基台」の上で、メシヤを迎えて原罪を取り除かなければ、「完成実体」となることはできません。

● 「信仰基台」を復帰するためには、
①「中心人物」がいなければならず、
②「条件物」を立てなければならず、
③「数理的な蕩減期間」を立てなければなりません。

● 「実体基台」を立てるためには、「堕落性を脱ぐための蕩減条件」を立てなければなりません。

第1章　復帰基台摂理時代

アダムの家庭を中心とする復帰摂理

- 「信仰基台」と「実体基台」を復帰する蕩減《とうげん》条件を立てて、「メシヤのための基台」を造成した上でメシヤを迎えなければ、復帰摂理は成就できません。

信仰基台

- 「信仰基台」を復帰するためには、

  第一に、条件物がなければなりません。それはみ言《ことば》の代わりの供え物です。

  第二に、中心人物がいなければなりません。聖書の記録を見ると、アダムの子のカインとアベルが供え物を捧《ささ》げました。

- アダムが善悪二つの性稟《せいひん》の母体となったので、子のカインを悪の表示体、アベルを善の表示体として分立されました。神かサタンか、一方だけが対応できる立場に立ててから供え物を捧げるようにされたのです。

アダムを善の表示体と悪の表示体に分立

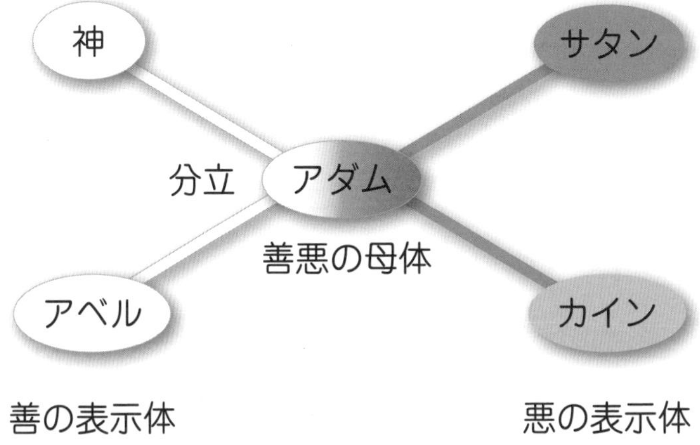

●アベルが神のみ意《こころ》にかなうように供え物を捧《ささ》げたので、「信仰基台」が造成されました。

実体基台

●アダムの家庭で「実体基台」を立てるためには、天使長の立場のカインがアダムの立場のアベルに従順屈伏し、「堕落性《だらくせい》を脱ぐための蕩減条件」を立てなければなりません。

●堕落人間が堕落性を脱ぐためには、堕落するようになった経路と反対の経路をたどらなければなりません。

カインが

①アベルを愛して、

②アベルを仲保として、

③アベルに従順に屈伏し、彼の主管を受けて、

④アベルから善のみ言《ことば》を受けて、善の繁殖をしなければなりません。

●ところが、カインがアベルを殺害することによって、天使長が人間を堕落せしめた堕落性《だらくせい》本性《ほんせい》を反復するようになりました。

●アダムの家庭の「実体基台」が立てられず、アダムの家庭を中心とする復帰摂理は成し遂げられませんでした。

堕落性を脱ぐための蕩減条件

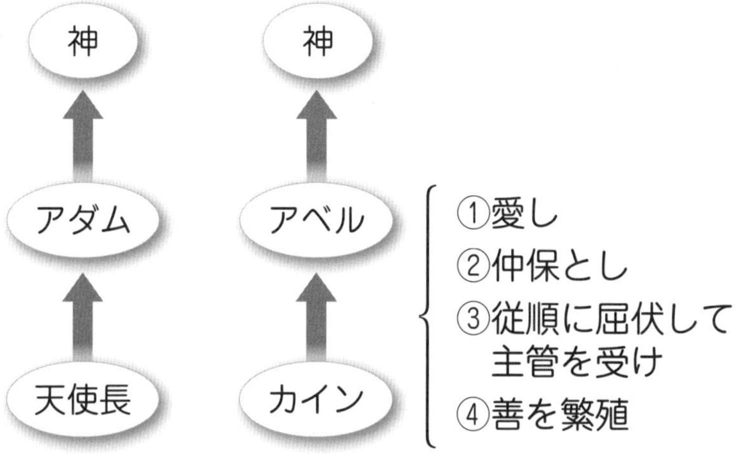

ノアの家庭を中心とする復帰摂理

信仰基台

●「信仰基台」を復帰すべき中心人物はノアでした。

●条件物は、新天宙を象徴する箱舟でした。ノアは 120 年、信仰を立てて箱舟を造りました。

●箱舟を神のみ意《こころ》にかなうように捧《ささ》げ、「信仰基台」を蕩減《とうげん》復帰しました。

● 40 日洪水審判後、40 数はサタン分立数となりました。

実体基台

●まず、「実体献祭」の中心となるべき次子ハムが、アベルの立場を復帰しなければなりませんでした。

●そのためには、ハムが「象徴献祭」に成功したノアと心情的に一体不可分の立場に立たなければなりませんでした。

●ハムはノアが天幕《てんまく》の中で裸になって寝ているのを発見し、恥ずかしく思って、兄弟のセムとヤ

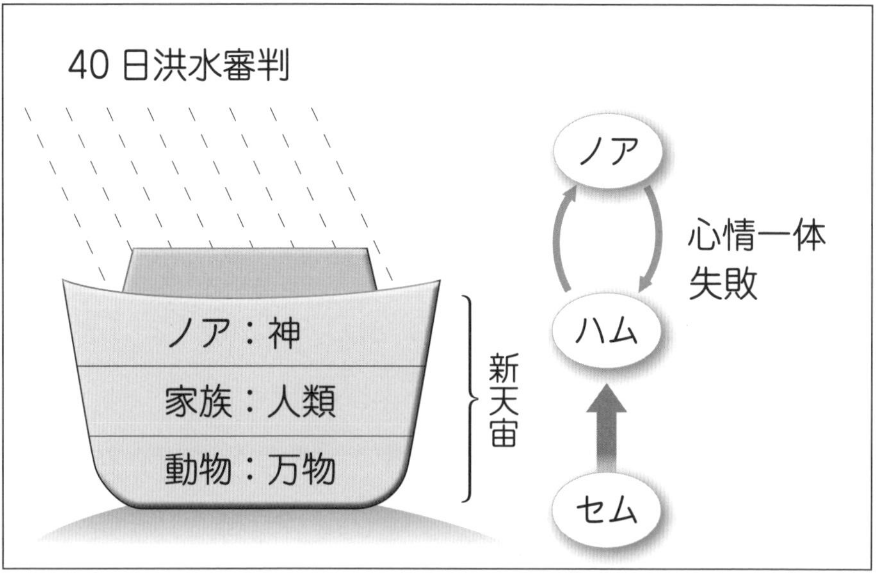

ペテを煽動《せんどう》しました。（創世記9：20～26）

●アダムとエバは堕落したのち、恥ずかしく思って下部《かぶ》を覆《おお》って隠れました。ハムが父親の裸を見て恥ずかしがった行動によって、サタンが侵入できる条件が成立しました。

●ハムは「実体献祭」をするためのアベルの立場を蕩減復帰できませんでした。

●「実体基台」をつくることができず、ノアの家庭を中心とする復帰摂理は無為《むい》に帰してしまいました。

アブラハムの家庭を中心とする復帰摂理

象徴献祭《けんさい》

- 神は、アブラハムに鳩《はと》と羊と雌牛《めうし》とを供え物として捧《ささ》げるように命じられました。
- アブラハムが、鳩を裂かなかったので、荒い鳥がその死体の上に降りました。
- それは善悪が分立されず、サタンの所有物であることを再び確認したのと同様の結果をもたらしました。
- その結果、アブラハムの子孫がエジプトで400 年間苦役《くえき》するようになりました。
- アブラハムを中心とする摂理はイサク、ヤコブまで３代にわたって延長されました。

イサク献祭《けんさい》

- 神はアブラハムにイサクを燔祭《はんさい》として捧げよと命令されました。
- アブラハムが絶対的な信仰で神のみ言《ことば》に従い、イサクを殺そうとしたとき、神が天使を遣わして止めました。

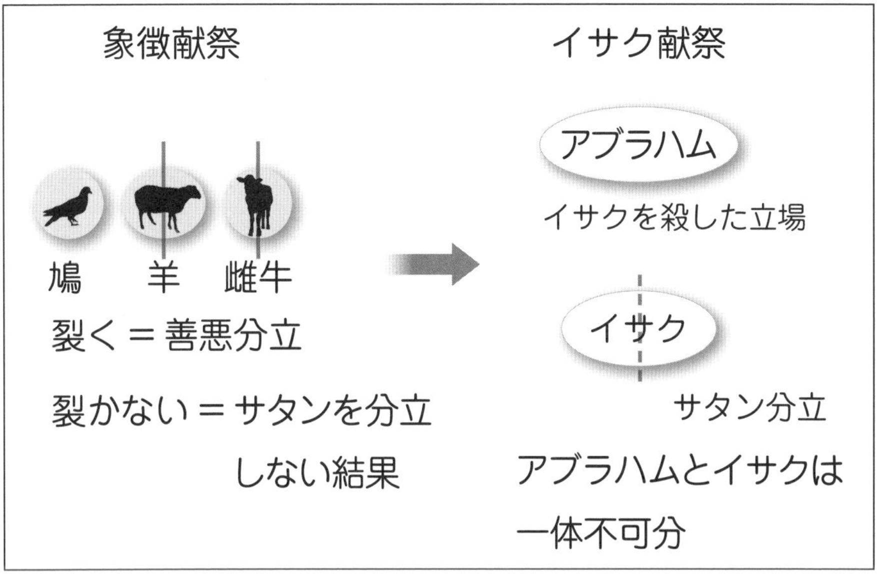

- アブラハムの神のみ旨に対する絶対的な信仰と従順と忠誠からなる行動と、彼と心情的に一体化したイサクの信仰により、サタンを分立することができました。

- アブラハムがイサク献祭《けんさい》に成功することによって、アブラハムの家庭を中心とする復帰摂理は、イサクを通じて成し遂げられていくようになりました。

- イサクは、アブラハムの使命を受け継いで、「象徴献祭」に成功し、「信仰基台」を蕩減《とうげん》復帰しました。

実体基台

●神は、イサクの子のエサウとヤコブをカインとアベルの立場に分立し、「堕落性を脱ぐための蕩減《とうげん》条件」を立てて、「実体基台」を完成させようとしました。

●ヤコブは、天使との組み打ちに勝利して、天使に対する主管性を復帰し、イスラエル選民形成の基盤をつくりました。

●エサウは、ヤコブがハランからカナンへ帰ってきたとき、彼を愛し、歓迎したので、「堕落性を脱ぐための蕩減条件」を立てることができました。

●アダムの家庭から続いてきた「実体基台」を蕩減復帰する縦《じゅう》的な歴史路程を、横《おう》的に蕩減復帰しました。

●アブラハム・イサク・ヤコブは、み旨《むね》から見れば一体であり、三代でありながら一代に等しかったのです。

メシヤのための基台

●イサクの家庭を中心として、初めて「メシヤの

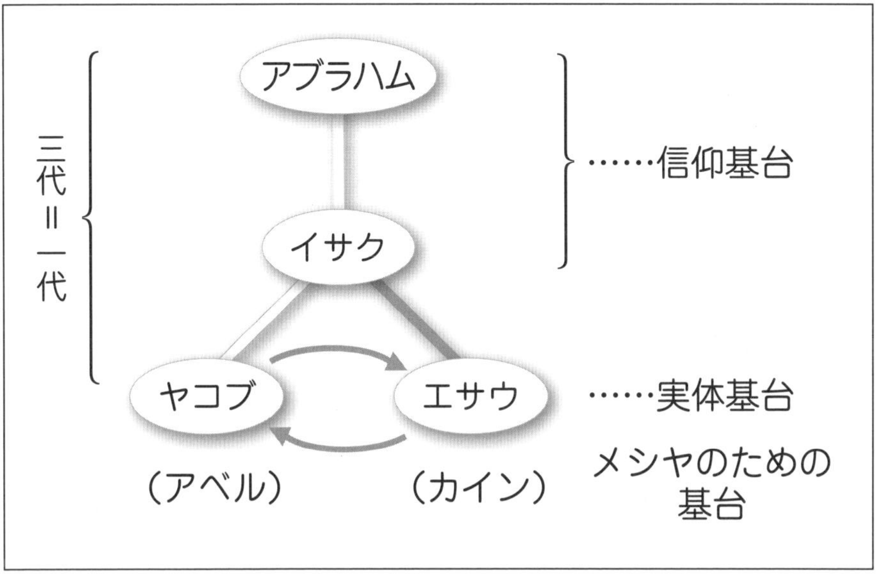

ための基台」が造成されました。

●しかし既に、堕落人間がサタンを中心とする民族的な基盤を形成していたので、メシヤが降臨することはできませんでした。

●ヤコブの家庭は、ヨセフを中心としてエジプトに入り、400 年間の蕩減路程を歩むことによって、民族的な基台を造成しました。

●ヤコブは、サタンを屈伏する典型路程を成功的に歩みました。この典型路程を、モーセも、イエスも、イスラエル民族も行かなければなりませんでした。

第2章 モーセとイエスを中心とする復帰摂理

サタン屈伏の典型路程

- 神はヤコブとモーセを立てて、将来、イエスが来られて、人類救済のために歩まねばならない摂理路程を表示してくださいました。サタンを屈伏させる表示路程を見せてくださったのです。

モーセ路程とイエス路程

- モーセがサタンの世界であるエジプトからイスラエル民族を奇跡をもって導き出し、神が約束された地であるカナンに向かう路程は、
- 将来、イエスが罪悪世界からキリスト教信徒を奇跡をもって導き出し、神が約束された創造本然のエデンに復帰する路程を、先に見せてくださったのです。
- この路程は、イスラエル民族の不信によって、共に三次にわたって延長されました。

モーセを中心とする復帰摂理

神が人類救済のための摂理路程を教示

サタン屈伏路程

ヤコブ → モーセ → イエス

（象徴的）　（形象的）　（実体的）

サタン屈伏路程は全人類が歩まなければならない路程である

●第一次民族的カナン復帰路程

モーセはパロ宮中で 40 年生活した後、イスラエル民族に愛国心を示しましたが、イスラエル民族が彼を不信し、出発できませんでした。

●第二次民族的カナン復帰路程

モーセはミデヤン荒野で 40 年生活した後、神の命令を受けてエジプトに行き、イスラエル民族を率いて出エジプトをしました。

しかし、イスラエル民族がカナン偵察《ていさつ》 40 日期間を信仰と従順で立てることができなかったので、荒野を 40 年間流浪《るろう》するようになりました。

●第三次民族的カナン復帰路程

モーセは荒野流浪 40 年期間を、幕屋《まくや》を信奉《しんぽう》しながら、信仰と忠誠をもって「信仰基台」を立てました。

●イスラエルが信仰と忠誠により幕屋《まくや》を信奉《しんぽう》し、モーセに従ってカナンに入れば、「実体基台」がつくられるようになっていました。

●神はモーセに杖《つえ》で岩（磐石《ばんせき》）を打って水を出させ、イスラエルの民に飲ませるようにしました。

●ところが、モーセは、不平を言いつぶやく民を見て、憤激《ふんげき》のあまり血気《けっき》を抑えられず、磐石を２度打ってしまいました。それがサタンが侵入できる条件となってしまいました。

●モーセはカナンの地に入ることができず、120 歳を一期《いちご》として死んでしまいました。

ヨシュアを中心とする実体基台

●神はヨシュアをモーセの代理として立てられました。イスラエル民族は彼を絶対的に信じました。

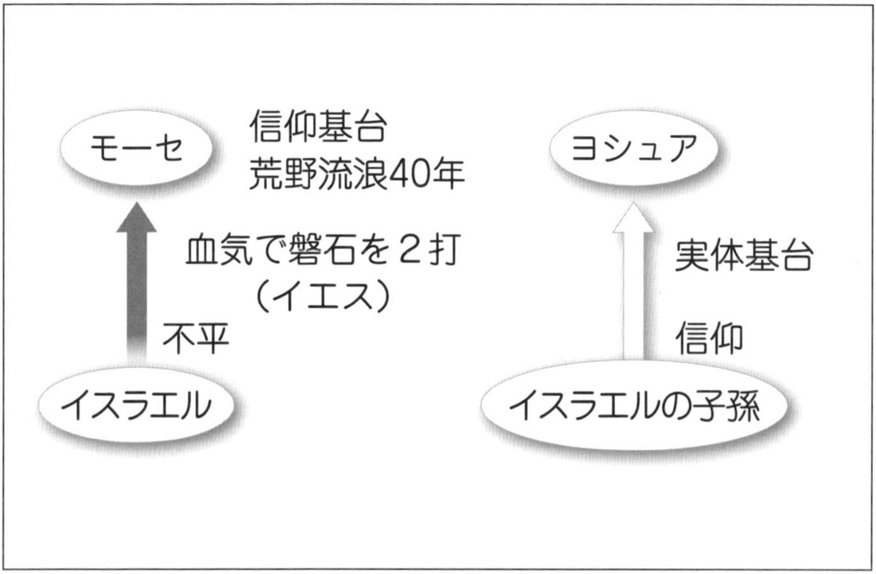

●２人の斥候《せっこう》がエリコ城を偵察し、信仰をもって報告しました。荒野で出生したイスラエルの子孫たちはみな、それを信じました。

●イスラエル民族の信仰により、エリコの城が崩れ、カナンに入ることができました。

●第三次民族的カナン復帰路程の「実体基台」がつくられました。

●「メシヤのための基台」が造成されましたが、既に堕落人間がサタンを中心として王国を建設していたので、天の側の王国が建設される時までメシヤは降臨することができませんでした。

イエスを中心とする復帰摂理

● ヤコブはサタン屈伏の象徴的路程を、モーセは形象的路程を歩みましたが、イエスは実体的路程を歩まなければなりませんでした。

● イエスはモーセがサタンを屈伏していった民族的カナン復帰路程を見本としてサタンを屈伏させ、世界的カナン復帰路程を完遂しなければなりませんでした。

第一次世界的カナン復帰路程

● 洗礼ヨハネの不信によって失敗に終わりました。

第二次世界的カナン復帰路程

● イエス自身が洗礼ヨハネの使命を代理し、40日間断食をし、サタンの三大試練を勝利してサタンを分立しました。それにより、「信仰基台」を復帰しました。

● しかし、ユダヤ民族の不信によって、十字架の死の道を歩まなければならなくなり、第二次世界的カナン復帰路程は失敗に終わりました。

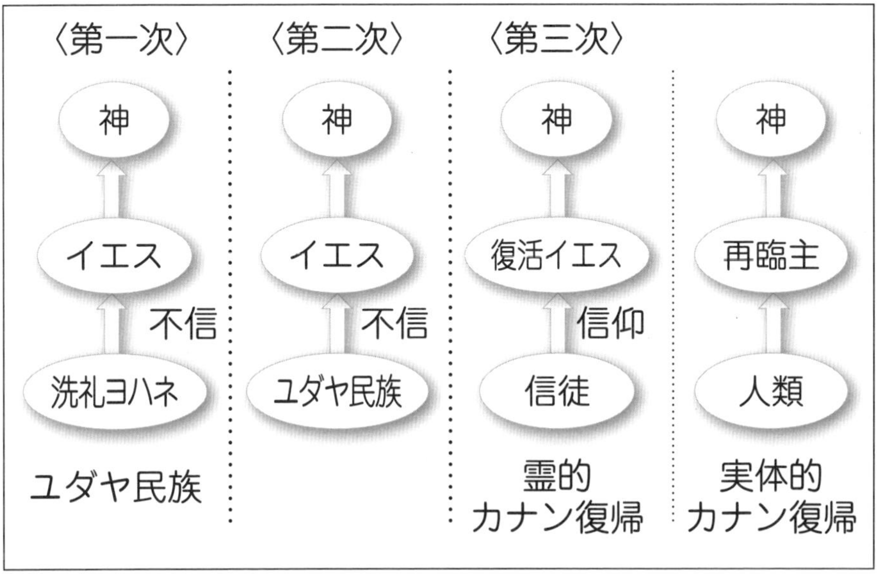

第三次世界的カナン復帰路程

- 復活されたイエスは、霊的洗礼ヨハネの使命者としての立場で40日復活期間をもってサタン分立の霊的基台を立て、「霊的な信仰基台」を復帰しました。

- カインの立場に立っていた信徒たちは、復活されたイエスを信じ、仕え、従って、「堕落性を脱ぐための霊的な蕩減条件」を立てることにより、「霊的な実体基台」を復帰することができました。

- 霊的なメシヤのための基台が立てられ、霊的カナン復帰がなされました。

再臨主を中心とする実体的カナン復帰路程

- イエスは、再臨して霊的カナン復帰路程を実体路程として歩み、地上天国をつくらなければなりません。

- 再臨主は実体の人間として地上に生まれなければなりません。

- 再臨主は初臨のときのように、復帰摂理の目的を完遂できないで亡くなるということはありません。摂理は、アダムからイエスを経て、3度目である再臨主のときには必ず成就するようになっているからです。

- その上、イエス以後2000年間の霊的な復帰摂理によって、再臨主が働くことのできる民主主義社会がつくられました。

- 再臨のイエスは、み言《ことば》を中心として「メシヤのための基台」を実体的に造成し、堕落した人間が原罪を脱ぎ、神の血統を受けた直系の子女として復帰できるようにしなければなりません。

- そして、「メシヤのための基台」を実体的に家庭的、氏族的、民族的、国家的、世界的、天宙

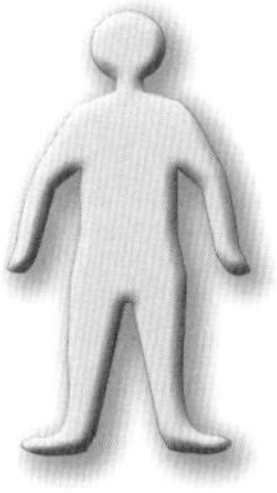

再臨主 ― 実体的カナン復帰路程

地上天国を実現

- 実体の人間として誕生
- ３度目（アダム・イエス・再臨主）必ず成就
- 民主主義の社会が造成

  メシヤのための基台
- 家庭→氏族→民族→国家→世界→天宙→天国

的なものとして復帰し、その基台の上に天国を成就するところまで行かなければなりません。

第3章　摂理歴史の各時代とその年数の形成

摂理的同時性の時代

●ある時代がその前の時代の歴史路程とほとんど同じ様相をもって反復されるとき、そのような時代を摂理的同時性の時代といいます。

●同時性の時代が反復される理由は、「メシヤのための基台」を復帰する摂理が反復されるからです。

●同時性の時代を形成する原因は、

①第一に、「信仰基台」を復帰するための三つの条件、すなわち、中心人物、条件物、数理的な期間などです。

②第二に、「実体基台」を復帰するための「堕落性を脱ぐための蕩減《とうげん》条件」です。

復帰摂理はなぜ延長され、いかに延長されるのか

●神のみ旨《むね》は絶対的なものとして予定され、成就されます。

復帰摂理はなぜ、いかに延長されるのか

- メシヤのための基台を復帰する摂理が反復されるから

  信仰基台
  - 中心人物
  - 条件物
  - 数理的期間

  実体基台 — 堕落性を脱ぐための蕩減条件

- 三段階まで延長され得る

●しかし、み旨成就の可否は相対的です。神の責任分担と、人間の責任分担とが成されて初めて成就されます。

●中心人物が責任分担をすべて果たさないときは、神は時代を変えて他の人物を代わりに立てて、そのみ旨を成就する摂理をなさいます。

●このようにして、復帰摂理は延長されていきます。

●復帰摂理が延長されるときにも、創造原理により、３段階までは延長され得ます。

第4章　摂理的同時性から見た復帰摂理時代と復帰摂理延長時代

摂理的同時性を形成する要因

- 復帰摂理の目的は、「メシヤのための基台」を復帰しようとするところにあります。

- 「メシヤのための基台」を復帰するための「象徴献祭」と「実体献祭」を蕩減《とうげん》復帰しようとする摂理的な史実を通じて、同時性の時代が形成されてきました。

- 各摂理時代の性格を理解するためには、摂理を導いてきた中心民族と中心史料について知らなければなりません。

- アブラハムから始まった復帰摂理時代は、イスラエル民族史が中心史料となります。

- イエスから始まった復帰摂理延長時代は、キリスト教史が中心史料となります。

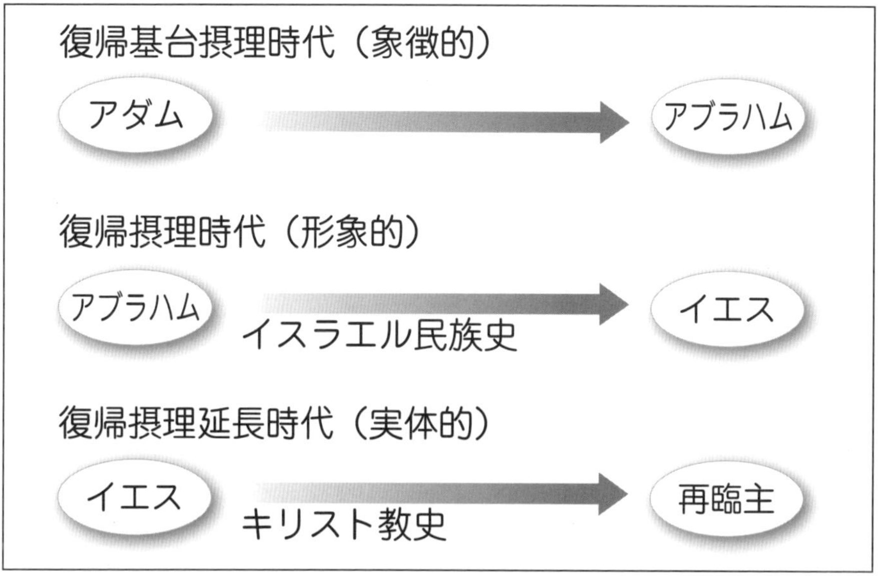

復帰摂理時代と復帰摂理延長時代

- 復帰摂理延長時代は、形象的同時性の時代である復帰摂理時代を実体的な同時性として蕩減復帰する時代です。

- ゆえに、復帰摂理延長時代においては、復帰摂理時代を形成する各時代の内容とその年数を、そのまま蕩減復帰するようになります。

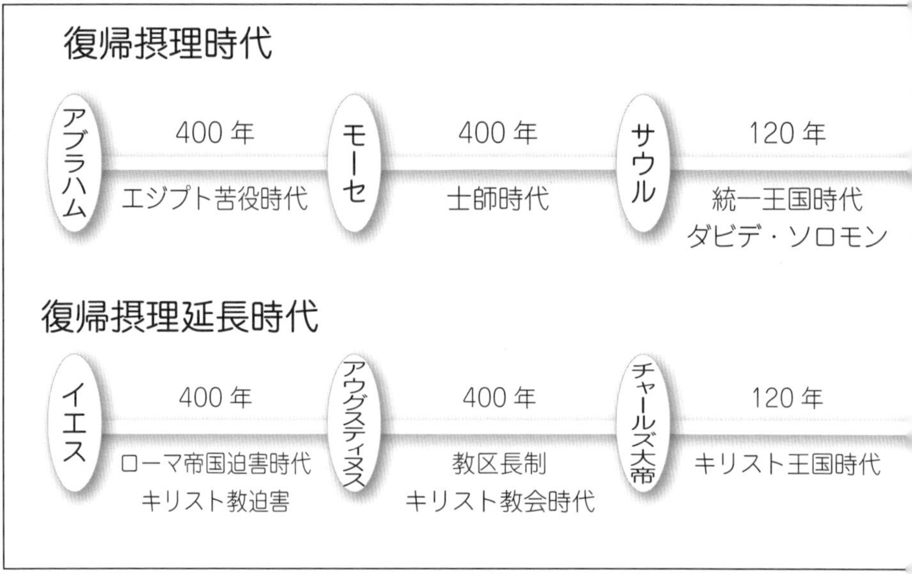

●エジプト苦役《くえき》時代400年を蕩減《とうげん》復帰する、ローマ帝国迫害時代400年がありました。

●同様に、※士師《しし》時代400年を蕩減復帰する、教区長制キリスト教会時代400年がありました。

●統一王国時代120年を蕩減復帰する、キリスト王国時代120年がありました。

●南北王朝分立時代400年を蕩減復帰する、東西王朝分立時代400年がありました。

●ユダヤ民族捕虜《ほりょ》および帰還時代210年を蕩減

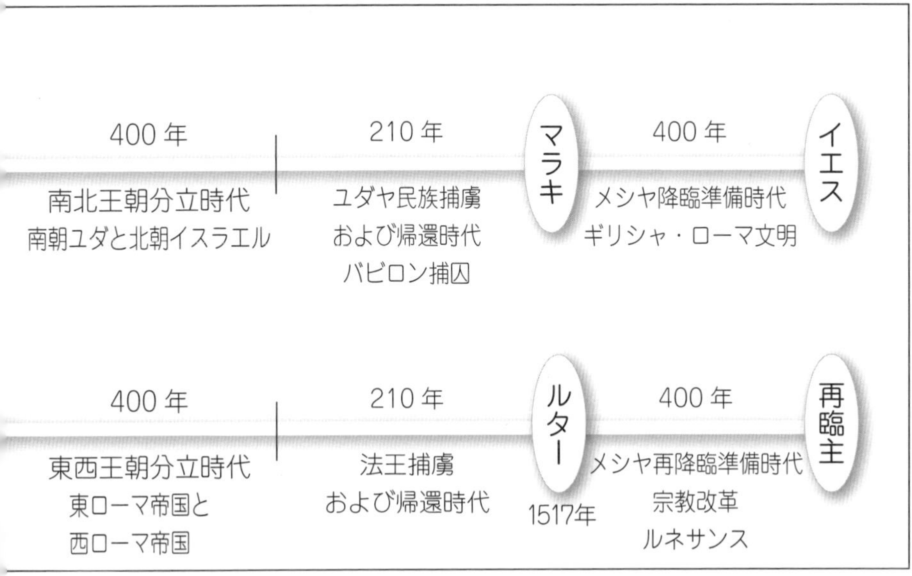

復帰する、法王捕虜および帰還時代 210 年がありました。

- メシヤ降臨準備時代 400 年を蕩減復帰するメシヤ再降臨準備時代 400 年がありました。
- メシヤ降臨準備時代 400 年が過ぎた後にイエスが降臨したように、メシヤ再降臨準備時代 400 年が過ぎた後に再臨主が降臨するのです。

※士師：後の時代の預言者、祭司長、国王の使命を兼任していた。

第5章　メシヤ再降臨準備時代

宗教改革期（1517～1648）

●1517年ルターの宗教改革から、1648年ウェストファリア条約によって新旧キリスト教の闘争が終わるまでの130年の期間を、宗教改革期といいます。

●中世社会は、封建制度と世俗的に堕落したローマ・カトリックによって、人間の本性が抑圧され、自由な発展ができない時代でした。

●人々は、その環境を打ち破って、創造本性を復帰しようとする方向へ動くようになりました。

●カイン型のヘレニズムの復古運動は、人本主義の発現である文芸復興を引き起こし、

●アベル型のヘブライズムの復古運動は、神本主義の復活のための宗教改革を引き起こしました。

宗教および思想の闘争期（1648～1789）

●1648年、ウェストファリア条約によって新教運動が成功して以後、1789年フランス革命が

		宗教改革期（1517～1648）	宗教および思想の闘争期（1648～1789）	政治・経済および思想の成熟期（1789～1918）
中世	ヘブライズム復古運動	宗教改革	• アベル型人生観 • 神を指向 • 信仰の自由	• 民主世界 • アベル型民主主義
	ヘレニズム復古運動	文芸復興	• カイン型人生観 • 自然・人間を神から分離 • 人権	• 共産世界 • カイン型民主主義

起こるまでの 140 年期間をいいます。

●文芸復興と宗教改革によって近世の人々は、信教と思想の自由から起こる神学および教理の分裂と、哲学の戦いを免《まぬか》れることができなくなりました。

●復帰摂理は、カイン、アベルの二つの型の分立摂理です。歴史の終末において、世界は、カイン、アベルの二つの世界に分立されます。

政治、経済および思想の成熟期（1789～1918）

● 1789 年のフランス革命から、第一次世界大戦が終わった1918年頃までの130年の期間をいいます。

●カイン、アベルの二つの型の人生観は、それぞれの方向に従って成熟するようになり、カイン、アベルの二つの世界が形成されていきました。

●カイン型の人生観は、啓蒙《けいもう》思想を立ててフランス革命を起こし、カイン型の民主主義を形成し、これが体系化されることにより、共産主義世界を形成するに至りました。

●アベル型の人生観は、清教徒《せいきょうと》革命を起こし、アベル型の民主主義を実現し、さらに今日の民主主義世界を形成するようになりました。

世界大戦

●世界大戦を、外的な原因である、政治、経済、思想などを中心として見ただけでは、摂理的な意義を理解することはできません。

●蕩減《とうげん》復帰摂理から見た世界大戦の内的な原因は何でしょうか。

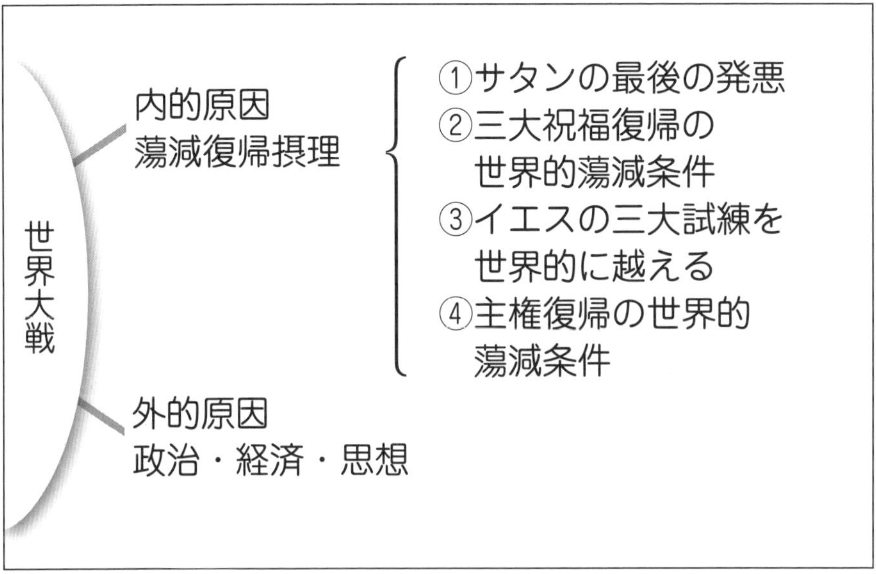

①主権を奪われまいとするサタンの最後の発悪

②サタンが先に非原理的につくってきた三大祝福を復帰する世界的な蕩減条件を立てるため

③イエスの三大試練を世界的に越えるため

④主権復帰のための世界的な蕩減条件を立てるため

第一次世界大戦

●第一次世界大戦で天の側（神のみ旨《むね》と同じ方向をとる国）が勝利しました。

●再臨主の誕生される基台が造成され、再臨摂理の蘇《そ》生《せい》期が始まりました。

第二次世界大戦

●第二次世界大戦が天の側の勝利に終わりました。

●再臨主を中心として、新しい天地を建設する時になり、再臨摂理の長成《ちょうせい》期に入るようになりました。

第三次世界大戦

●人類歴史の終末には、サタン側も天の側も世界を主管するところまで行くので、民主と共産の二つの世界が対立するようになります。

●二つの世界の最終的な分立と統合のために世界大戦が起こるようになります。

●第一次、第二次の大戦は、分立するための戦いであり、第三次の大戦は、統一するための戦いとなります。

●戦いには二つの道があります。第一は、武器による外的な戦いであり、第二は、理念による内的な戦いです。どちらの道を選ぶかは、人間の

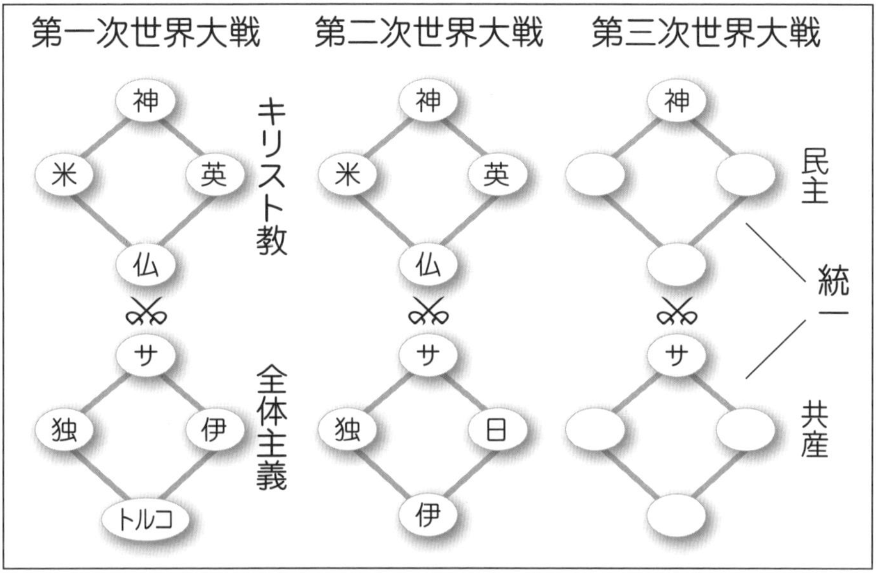

責任分担の遂行《すいこう》いかんによります。

●神は、復帰摂理の最終的摂理である三次の大戦に勝利することによって、復帰摂理のすべての基台を完全に蕩減《とうげん》復帰して、創造本然の理想世界を実現していくようになります。

第6章　再臨論

●イエスは、再臨することを明確に言われました。しかし、その日とその時は、だれも知らないと言われました。（マタイ 24：36）

●神は、イエスの再臨に関する秘密を、必ず、ある預言《よげん》者に知らせてから摂理されます。（アモス 3：7）

●光の中にいるすべての信徒たちを通じて、必ず啓示してくださいます。

イエスはいつ再臨されるか

●イエスが再臨される時のことを終末といいます。

●現代は終末であり、イエスが再臨される時です。

●第一次世界大戦が終了したあとから再臨期が始まりました。

イエスはいかに再臨されるか

●これまでキリスト教徒は、イエスが雲に乗って来られると断定する立場から聖書を読んでき

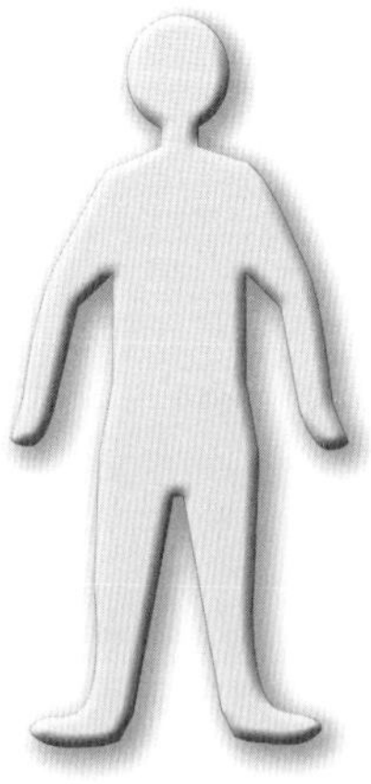

再臨主

いつ再臨されるか

メシヤ降臨準備時代が終わった後（第一次世界大戦終了後）に再臨される

いかに再臨されるか

地上に肉身を持って誕生
異端視され、苦難を受ける
ルカ 17：24 ～ 25
ルカ 18：8

ました。（マタイ 24：30 ～ 31）

●もしイエスが雲に乗って、天から再臨されるなら、信じない人はいないはずです。

●イエスは、「多くの苦しみを受け、この時代の人々に捨てられねばならない」（ルカ 17：24 ～ 25）と言われました。

●イエスが地上に誕生されるなら、異端者として追われ、苦しみを受けることが予想されたので、このように言われたのです。さらに、「人の子が来るとき、地上に信仰が見られるであろうか」とも言われました。（ルカ 18：8）

●イエスの再臨は、地上で肉身をもって誕生されることによってなされます。

イエスはどこに再臨されるか

●イエスがユダヤ民族の内に再臨されると信じている信徒が多くいます。（マタイ 10：23、マタイ 16：28、黙示録７：４）

●しかし、イエスはユダヤ民族に再臨されないばかりでなく、その遺業《いぎょう》までも、再臨のために実を結ぶ他の国と民族に与えられます。（マタイ 21：33～43）

●イエスが十字架で亡くなられてからのイスラエル選民は、アブラハムの血統的な子孫ではなく、アブラハムの信仰を継承したキリスト教信徒たちです。

イエスは東の国に再臨される

●日の出る方、すなわち東の方から天使が上ってきて、最後の審判において選ばれた者である 14 万 4000 の群れに印を押します。（黙示録７：２～４）

イエスはユダヤ民族には再臨されない

ユダヤ民族 → キリスト教徒

マタイ 21：33 ～ 43

イエスは東の国に再臨される

黙示録 7：2 ～ 4

「御使が、生ける神の印を持って日の出る方から上って来るのを見た。……印をおされた者は十四万四千人であった」

● 再臨されるイエスは、選ばれた 14 万 4000 の群れの額に、小羊と父の印を押されます。（黙示録 14：1）

● 神の遺業《いぎょう》を受け継いで、イエスの再臨のための実を結ぶ国は東方にあります。

東方のその国は韓国

● 古くから、東方の国とは、韓国、日本、中国の東洋三国をいいます。

● 日本は再臨期に全体主義国家としてサタン側の国家でした。その当時、韓国のキリスト教を過酷に迫害しました。

●中国は共産化した、サタン側の国家です。

●イエスが再臨される東方のその国は、韓国です。

メシヤが降臨される国が備えるべき条件

●メシヤが降臨される国は、次のような条件を備えなければなりません。

①神の心情の対象となる

神の心情の対象となるためには、血と汗と涙の道を歩まなければなりません。韓国民族が歩んできた悲惨な歴史路程は、神の選民として歩まなければならない苦難の道でした。

●善なる民族でなければなりません。韓国民族は、他の国を侵略したことがありません。

●韓国民族は先天的に宗教的天稟《てんぴん》をもっており、敬天《けいてん》思想が強く、忠・孝・烈《れつ》を崇敬《すうけい》する民族性をもっています。

②預言《よげん》者の証拠《あかし》がある

●韓国には、義の王が現れて千年王国を建設し、

共産主義

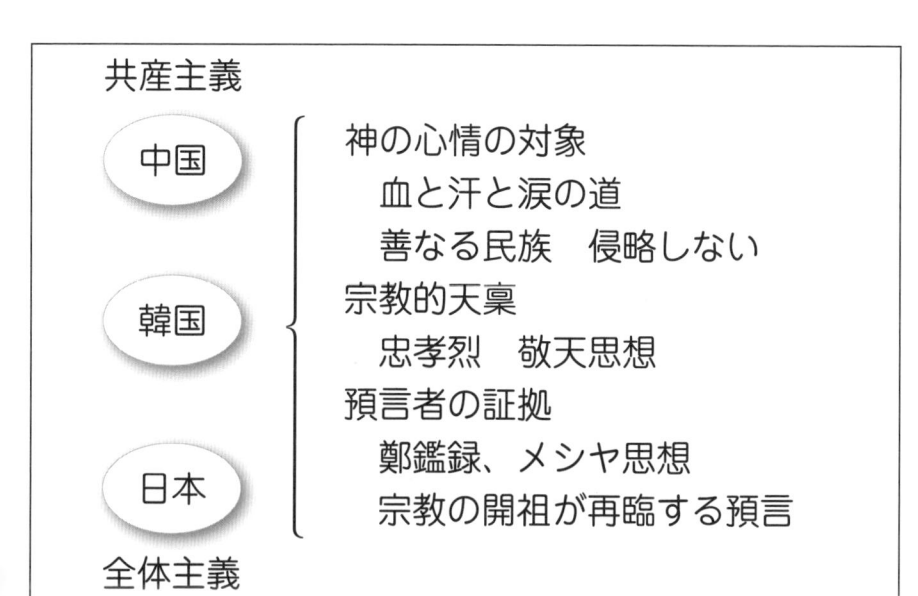

中国

韓国

日本

全体主義

神の心情の対象
　血と汗と涙の道
　善なる民族　侵略しない
宗教的天稟
　忠孝烈　敬天思想
預言者の証拠
　鄭鑑録、メシヤ思想
　宗教の開祖が再臨する預言

世界万邦の朝貢《ちょうこう》を受けるようになるという、鄭《チョン》鑑録《カムノク》信仰によるメシヤ思想があります。

●韓国民族が信じている各宗教の開祖が韓国に再臨するという啓示を、信徒が受けています。

●霊通人がイエスの韓国再臨に関する啓示を受けるという現象が雨後の竹の子のように起こっています。

●さらに深く学んでください

世界基督《キリスト》教統一神霊協会（略称、統一教会）は1954年、文鮮明《ムンソンミョン》先生によって韓国・ソウルで創立されました。日本では1959年に創立されています。その教義は聖書を土台としていますが、世界の各宗教、東西洋の思想に通じたものであり、「統一原理」と呼ばれています。現在は世界のほぼすべての国と地域に教会があり、教えの根本である「ために生きる」真の愛で活動を展開しています。

「統一原理」の核心は「家庭」です。幸せは家庭の中に築くものであり、他のどこかにあるものではありません。文先生が解明した真理の核心は、「神と人間は親子である」というものです。神はご自身の子女である人間が幸せな結婚をし、幸せな家庭を築くことを願われています。そして、そのような家庭が世界に広がって、「神のもとの一家族」（One Family under God）となることを願われているのです。

この冊子では、膨大で深淵な「統一原理」の骨子のみしかご紹介できていません。詳しい内容をさらに学んでくださるようお願いします。そして、新しい希望、夢、喜びにあふれる幸福をつかんでください。